Et la pluie s'arrête

Marie Delprat

© 2024, Marie Delprat
Édition : BoD • Books on Demand GmbH, In de Tarpen 42, 22848 Norderstedt (Allemagne)

Impression : Libri Plureos GmbH, Friedensallee 273, 22763 Hamburg (Allemagne)

ISBN : 978-2-3224-9649-5
Dépôt légal : septembre 2024

À toutes les personnes
qui se sont un jour
senties seules ou différentes.

Parce que même après
la pire des tempêtes,
le ciel s'éclaire
et la pluie s'arrête.

Sommaire

La pluie abime	15
L'orage détruit	31
Le ciel s'éclaire	109
Et un jour le soleil	133

introduction.

Et la pluie s'arrête

si je pouvais parler
à la petite moi de sept ans
je lui dirais que tout ne sera pas
aussi simple qu'elle l'espère

je lui dirais qu'elle n'aura pas
son premier chez soi à dix-huit ans
qu'elle n'aura pas trouvé
ce qu'elle veut faire
pour le reste de sa vie
le jour de ses vingt ans
qu'elle passera des années
à se poser mille et une questions
et que souvent
les réponses tarderont

je lui dirais que tant de fois
elle se sentira différente
qu'elle observera le monde

Et la pluie s'arrête

en se demandant où est sa place
que parfois elle aura mal
qu'elle sera triste
en colère
et que ça lui semblera insurmontable

mais je lui dirais aussi
que j'ai appris à vingt-six ans
que toutes les réponses
n'arrivent jamais vraiment

je lui dirais qu'au fil du temps
naitront pour elle des dizaines de passions
que ses yeux verront dans ce monde
des choses que la plupart des gens
ne remarqueront jamais vraiment
qu'elle gardera toujours sa part d'enfant
qu'elle s'émerveillera devant
un papillon

Et la pluie s'arrête

le chant des oiseaux

les couleurs du ciel en été

les fleurs au bord d'un pré

je lui dirais qu'elle aimera

plus fort qu'elle ne peut l'imaginer

que même si parfois

elle peinera à le voir

elle sera pour le monde une lumière

et que tout ça

ça en vaudra la peine

———————————————

la pluie abime.

Et la pluie s'arrête

j'avais treize ans

lorsque je suis tombée

amoureuse pour la première fois

je me souviens que les plus grands

voyaient ça d'un œil attendri

ils disaient qu'à cet âge

on ne sait pas encore

ce que c'est d'aimer vraiment

pourtant j'avais toujours treize ans

quand pour la première fois

j'ai eu le cœur brisé

j'étais encore presque une enfant

mais déjà j'avais appris

que mon corps pouvait être jugé

et pour la première fois je pensais

que je n'étais pas assez pour mériter

d'être plus qu'un passe-temps passager

Et la pluie s'arrête

je n'étais encore qu'une enfant
quand j'ai commencé à sentir
le poids des attentes
écraser mes petites épaules
qui supportaient déjà bien assez

je n'étais encore qu'une enfant
quand pour la première fois
je me suis demandé
pourquoi tout ce que je fais
ne semble jamais être assez ?

———————————————

Et la pluie s'arrête

et un jour j'ai rencontré

le premier garçon qui m'ait vraiment aimée

je me suis sentie apaisée

parce que ça allait durer toujours

et j'ai pensé que plus jamais

je n'aurais le cœur brisé

finalement je me suis trompée

mais ce n'était pas de sa faute

j'étais bien trop abimée

consumée par la violence

qui si longtemps m'avait bercée

pour que quelqu'un puisse rester

et continuer à m'aimer

sans risquer de se brûler

───────────────

Et la pluie s'arrête

je me souviens très bien

de cette première fois

c'était un soir d'été

et les cigales chantaient

il m'a regardée dans les yeux

je me suis sentie belle

puis il a dit *je t'aime*

et le temps s'est arrêté

dans ma tête j'ai pensé

c'est parce qu'il ne me connait pas

je ne suis qu'un verre brisé

je vais lui faire du mal

mais j'ai gardé tout ça pour moi

j'ai souri et j'ai dit

que je l'aimais aussi

après tout c'était vrai

et je voulais y croire

Et la pluie s'arrête

peut-être qu'il n'était pas trop tard

que je pouvais toujours être réparée

peut-être qu'à force de m'aimer

il parviendrait à recoller

les morceaux d'un verre

qu'il n'avait pas brisé ?

Et la pluie s'arrête

j'ai eu du mal

à apprendre à bien aimer

je crois que je ne partais pas très bien

déjà petite je me demandais

est-ce qu'aimer c'est crier ?

j'ai grandi et rien n'a changé

les questions ont continué

est-ce qu'on peut aimer et frapper ?

c'est à ce moment-là je crois

que j'ai commencé à avoir peur

de ce qui pourrait m'arriver

si un jour un garçon disait m'aimer

c'est à ce moment-là aussi

que je me suis promis

que quoi qu'il arrive dans cette vie

je ne serais jamais celle que l'on détruit

Et la pluie s'arrête

puis j'ai eu quinze ans

j'ai rencontré un garçon

je suis tombée amoureuse

il était si gentil

mais à l'intérieur de moi

tout pourrissait

alors je l'ai abimé

je ne savais pas bien aimer

Et la pluie s'arrête

je voudrais tant croire

que j'ai confiance en moi

je voudrais tant m'aimer

quand je regarde dans le miroir

mais aujourd'hui encore

la journée se termine

et assise dans le noir

je me demande quand arrivera

le jour où tu réaliseras

que tu mérites mille fois

mieux que moi

———————————————

Et la pluie s'arrête

est-ce qu'un jour j'arrêterai

de faire mal aux gens que j'aime ?

est-ce qu'un jour je serai libérée

de cette colère qui me ronge

et qui détruit ceux qui restent ?

est-ce qu'un jour enfin

j'arrêterai d'en vouloir à la vie

pour la tempête sous laquelle j'ai grandi ?

———————————————————————

Et la pluie s'arrête

je voudrais tant

avoir le courage de briser

le silence de cette nuit d'été

oser te demander

de me serrer fort contre toi

parce que je le sais

ce sera la dernière fois

et je ne veux pas oublier ton odeur

et la chaleur de tes draps

Et la pluie s'arrête

ils me disent tous

que je finirai par t'oublier

si seulement ils savaient

que mon monde est désormais hanté

que partout où je vais je ne vois

que les fantômes de notre histoire

qui s'aiment sans savoir

que c'est bientôt la dernière fois

———————————————

Et la pluie s'arrête

malgré tout j'ai tant aimé

nous regarder foncer dans le mur

accélérer en souriant

et serrer fort ta main

quand l'impact est arrivé

————————————————

Et la pluie s'arrête

puis un jour j'ai décidé

d'ouvrir de nouveau mon cœur à un garçon

j'étais moins cabossée

du mieux que je pouvais je m'étais réparée

et j'avais soigneusement pansé

chacune de mes blessures passées

alors j'ai espéré

et longtemps j'ai cru

que ça avait fonctionné

jamais il ne s'endormait avant moi

chaque soir il attendait

en caressant mon bras

que je glisse vers le sommeil

la douceur de sa peau contre moi

mais ça n'a pas suffi

il a fini par partir et j'ai appris

que j'étais encore si naïve

incapable de me protéger

Et la pluie s'arrête

de déceler les mensonges

de remarquer le drap

qu'il avait soigneusement posé

pour masquer tous ses secrets

et surtout incapable

de voir que si chaque soir

il attendait que je m'endorme

ce n'était pas parce qu'il m'aimait

mais parce qu'une autre l'attendait

alors les points de sutures ont sauté

et j'ai recommencé à saigner

l'orage détruit.

Et la pluie s'arrête

j'étais encore jeune

quand je l'ai rencontré

mais déjà j'avais compris

appris par cœur toutes mes leçons

et même si une part de moi

voulait encore y croire

au fond je savais

que pour qu'il m'aime

j'aurais besoin de m'effacer

ne pas faire trop de bruit

ne pas prendre trop de place

ne pas être trop présente

mais ne pas trop m'éloigner

annuler tous mes plans

dans l'espoir qu'il m'accorde un instant

accepter d'être parfois mal traitée

pour prouver que j'étais digne d'être aimée

encaisser les mots qui blessent

Et la pluie s'arrête

car après tout

dans ses yeux je vois qu'il m'aime

et les yeux ne mentent jamais

pas vrai ?

supporter d'être cachée

car s'il me traite comme un secret

c'est parce qu'il veut me protéger

et car même si je sens qu'à l'intérieur

il est en train de me tuer

je suis si chanceuse

qu'il accepte de m'aimer

———————————————————

Et la pluie s'arrête

tu me disais souvent

que mes yeux étaient pleins d'amour

tu ne voyais pas qu'en vérité

à travers eux je te suppliais

regarde

tu ne voyais toujours pas

regarde mieux

s'il te plait

je te promets que j'en vaux la peine

Et la pluie s'arrête

on est amis

c'est ce que tu me dis

quand je quitte ton lit

après une nuit sans sommeil

le goût de tes lèvres

encore sur les miennes

on est amis

tu me répètes

tes bras autour de moi

pour me protéger du froid

on est amis

tu insistes

en posant ta guitare

après avoir chanté

une énième chanson d'amour

en me dévorant du regard

Et la pluie s'arrête

on est amis

mais je ne veux pas y croire

après tout tu es jaloux

chaque fois qu'un garçon me parle

et même si ça n'a rien à voir

tu me dis que je dois

choisir entre lui et toi

on est amis

mais une part de moi n'oublie pas

l'espoir de ce peut-être

que tu m'as un jour murmuré

parce que même si tu ne le dis pas

au fond tout ça

ça doit vouloir dire que tu m'aimes

pas vrai ?

───────────────────────────

Et la pluie s'arrête

j'espérais seulement

un jour entendre

tu es assez comme tu es

mais ça ne venait pas

il y avait toujours quelque chose

un détail que tu n'aimais pas

qui t'empêchait d'imaginer

un véritable avenir avec moi

j'étais trop susceptible

trop émotive

trop sensible aux critiques

alors je me suis opérée à cœur ouvert

j'ai disséqué chaque morceau de mon âme

inspecté le moindre détail

et j'ai essayé de gommer

chaque trait de ma personnalité

un par un je les ai pris

Et la pluie s'arrête

pour les mettre de côté

j'étais de moins en moins moi

mais ça n'importait pas

parce que peut-être qu'enfin

tu serais satisfait

tu m'aimerais

finalement rien n'a changé

et quand de moi il ne restait

rien d'autre qu'une enveloppe vide

tu m'as dit

je ne te reconnais pas

et tu t'en es allé

───────────────

Et la pluie s'arrête

tu disais que tu n'étais pas prêt
à ce qu'on soit plus que des amis
que c'était trop tôt pour toi
que tu n'avais pas envie d'un couple
car ton dernier t'avait trop fait souffrir
tu disais
plus tard
peut-être

moi j'avais été blessée
j'avais retrouvé mes ailes
mais elles étaient encore fragiles
et j'avais peur de les perdre
alors j'ai accepté
d'être seulement ton amie
et au fond ça m'a rassurée
parce que j'en étais persuadée
un ami ne fait pas souffrir

Et la pluie s'arrête

mais toi tu n'étais pas

un ami comme les autres

jamais un ami

ne m'avait regardée

comme toi tu le faisais

jamais un ami

ne m'avait autant

enlacée

embrassée

au milieu du plus grand jardin secret

qui m'ait jamais abritée

et aussi

jamais un ami

n'avait autant tiré sur mes ailes

ça faisait un peu mal

mais à chaque fois tu t'excusais

alors je restais

parce que tu n'avais pas fait exprès

Et la pluie s'arrête

puis un jour elle est revenue vers toi
je t'ai senti t'éloigner
ça tirait sur mes ailes
plus fort que d'habitude
je t'ai supplié d'arrêter
mais tu avais fini de jouer
tu t'étais lassé
et je crois que je t'ennuyais

tu les as arrachées
en partant avec elle
et c'est là que j'ai compris
ce n'était pas d'un couple
dont tu n'avais pas envie
c'était d'un couple
avec moi

Et la pluie s'arrête

j'aimerais tellement

avoir plus à offrir

plus que juste moi

est-ce qu'un jour

enfin ça suffira ?

———————————————

Et la pluie s'arrête

j'avais des ailes

quand je t'ai rencontré

je crois que c'est pour ça

que je t'ai attiré

tu m'as dit que tu les voulais

je t'ai répondu que je t'aiderais

qu'à deux on pourrait

donner vie aux tiennes

mais tu ne voulais pas attendre

alors je t'ai prêté les miennes

ensemble on s'est envolés

je t'ai montré comment faire

et quand tu avais tout compris

tu m'as lâchée

je t'ai regardé t'éloigner

et je me suis écrasée

───────────────

Et la pluie s'arrête

s'il te plait raconte-moi

décris-le-moi dans les moindres détails

dis-moi ce qu'on voit

dis-moi ce qu'on ressent

je ne te dérangerai pas longtemps

j'aimerais juste enfin savoir

ce que ça fait d'être un plan A

- à la priorité dont je n'étais que le plan B

Et la pluie s'arrête

il disait que j'étais comme une rose

ses yeux brillaient d'admiration

mais je crois qu'il était jaloux

car il m'a noyée sous les larmes

a arraché mes pétales

et quand je n'avais plus rien à offrir

il m'a laissée

seule avec mes épines

———————————————————

Et la pluie s'arrête

au fond de moi je le savais

ma petite voix me le disait

mais je l'ai fait taire

pour ne pas te perdre

———————————————

Et la pluie s'arrête

j'ai toujours été trop

trop intense

trop sensible

trop curieuse

trop émerveillée

alors quand je t'ai rencontré

j'ai essayé de partager

tu disais que tu admirais

ma façon de voir le monde

et j'ai voulu remplir tes yeux

de ce que les miens voyaient

alors j'ai découpé

des petits bouts de moi

je te les ai donnés

tu es parti sans te retourner

peut-être que pour toi

je n'étais pas assez

Et la pluie s'arrête

je savais que te perdre me ferait mal

mais je ne m'étais pas préparée

à me perdre moi

———————————————

Et la pluie s'arrête

je suis le genre de fille

qui ne part jamais

quand il est encore temps

qui ignore les premiers signes

les balaie d'un revers de main

qui sèche ses larmes sans rien en dire

qui donne dix secondes chances

et qui attend inlassablement

persuadée que chaque compliment

vaut la peine de rester

que quelques mots d'amour

effacent tous ceux qui ont blessé

le genre de fille

qui veut toujours croire

que les mauvaises intentions n'existent pas

que ceux qui blessent

le font toujours par maladresse

Et la pluie s'arrête

le genre de fille

qui reste sagement au second plan

qui offre tous les avantages

sans les inconvénients

qui passe ses journées

à imaginer sans rien en dire

un avenir avec un garçon

qui cache qu'il mène plusieurs vies

qui s'endort à côté d'une autre fille

et pour qui elle n'existe

que quand la première est partie

le genre de fille

qui tombe amoureuse d'un potentiel

et en oublie d'observer le réel

qui petit à petit se détruit

pour montrer qu'elle est gentille

qui ne sait pas se protéger

et qui se dit pendant des mois

Et la pluie s'arrête

que c'est la dernière fois

le genre de fille qui ne part pas

avant d'être complètement bousillée

et de ne même plus pouvoir dire

qui elle est

———————————————

Et la pluie s'arrête

peut-être que c'est pour ça

que je n'ai jamais eu le temps

d'apprendre à me connaitre

d'apprendre à m'aimer

j'ai toujours été trop occupée

à aimer les autres

pendant que la petite fille

au fond de moi leur criait

toi aussi

aime-moi

s'il te plait

_____

Et la pluie s'arrête

quelques mois t'ont suffi

pour ouvrir

la porte de mon cœur

tout faire voler en éclats

et prendre en moi

tout ce que j'étais

que tu n'étais pas

Et la pluie s'arrête

je pensais que

te voir partir me détruirait

mais quand le moment est arrivé

je me suis rendu compte

qu'il n'y avait plus rien à détruire

car tu m'avais déjà brisée

bien avant ton départ

quand tu étais encore là

———————————————

Et la pluie s'arrête

est-ce que c'était ton but

depuis le début ?

est-ce que tu avais tout planifié

tout calculé

déjà repéré

tout ce que tu voulais me voler ?

est-ce que tu avais déjà

élaboré un plan parfait

en dix étapes pour me briser ?

est-ce que j'aurais pu lutter

y changer quelque chose

et me sauver ?

est-ce que tu m'avais déjà

choisie comme proie

quand pour la première fois

tu as posé les yeux sur moi ?

―――――――――――――――

Et la pluie s'arrête

j'ai toujours été douée

pour vivre dans ma tête

m'inventer des histoires

donner vie aux pensées

et regarder le film se dérouler

c'est sûrement pour ça qu'aujourd'hui

j'imagine en boucle qu'il y a encore

un peu de moi dans tes draps

et que chaque soir quand tu t'endors

mon odeur te rappelle

que je ne serai plus jamais là

j'imagine que tu regrettes

c'est peut-être égoïste

parce que je ne veux pas que tu reviennes

mais je crois que toi aussi

tu mériterais d'un peu souffrir

Et la pluie s'arrête

j'imagine que tu penses à moi

que tu te sens un peu seul

que tu te rappelles mon rire

et comme j'étais heureuse

avant que tu décides de tout détruire

j'imagine que tu t'en veux

au moins un peu

parce que tu étais là

quand l'eau a commencé

à remplir mes poumons

quand j'ai essayé

de reprendre mon souffle

sans pouvoir trouver d'air

quand lentement j'ai coulé

tu étais là

et tu m'as laissée me noyer

tu dois être tellement désolé

Et la pluie s'arrête

et puis je me rappelle

que tout ça n'arrivera pas

que même si un jour

mon visage un peu par hasard

s'imposait dans tes pensées

tu te dirais seulement

qu'il te manque quand même un peu

ton jouet préféré

ou peut-être même pas

après tout ça fait si longtemps

peut-être que tu en as simplement trouvé

un autre pour le remplacer

———————————————

Et la pluie s'arrête

j'ai parfois du mal à accepter

que même après m'avoir tant abimée

tu restes ma plus belle lettre

celle écrite à l'encre dorée

sur mon papier préféré

celle que je voudrais pouvoir crier

que je relis sans cesse

sans jamais m'en lasser

j'ai parfois du mal à comprendre pourquoi

de ton côté il ne reste de moi

qu'un petit bout de papier froissé

caché tout au fond d'un vieux tiroir

que tu n'ouvriras plus jamais

Et la pluie s'arrête

je pensais savoir

ce qui serait

le plus dur après toi

je m'attendais aux larmes

à la colère

la solitude

le vide

le trou dans ma poitrine

si profond que je pourrais

le sentir quand je respire

je pensais tout savoir

de ce qui m'attendait

mais finalement le plus dur

c'est ce que j'ai pensé de moi

quand un matin je me suis réveillée

et que ça m'a frappée

quand soudainement j'ai réalisé

Marie Delprat · 60

Et la pluie s'arrête

que je t'avais laissé tout me prendre

que je ne savais plus qui j'étais

que je n'avais même plus confiance

en ma capacité à me protéger

quand je me suis regardée dans le miroir

et que j'ai lentement commencé

à haïr mon propre reflet

je pensais tout savoir

mais le plus dur était là

je ne m'étais jamais détestée

et puis je t'ai aimé

Et la pluie s'arrête

j'aimerais croire qu'un jour

tu ne seras plus partout où je suis

que je serai guérie

que je voudrai à nouveau vivre

mais je n'ai pas vraiment d'espoir

j'ai peur que tes mots

m'aient entaillée bien trop profondément

peur d'avoir trop saigné

pour pouvoir oublier

ces quelques mois qu'on a gardés secrets

———————————————————

Et la pluie s'arrête

ce n'est pas de ton absence

que j'ai le plus souffert

mais de toutes les fois

où dans ma tête j'entendais toujours ta voix

quand je me sentais incapable

quand je pensais ne rien valoir

―――――――――――――――

Et la pluie s'arrête

tu disais que mon regard

était gravé dans ton âme

mais si différents sont ces yeux

les reconnaitrais-tu eux ?

- je ne me reconnais pas moi-même

───────────────────────────

Et la pluie s'arrête

j'aimerais pouvoir dire

que de nous il me reste

de beaux souvenirs

et des éclats de rire

mais ce serait mentir

de nous il ne me reste

que des éclats de verre

éparpillés au sol

les restes d'un cœur

qui fut un jour le mien

qui malgré les ecchymoses

battait toujours avec force

mais que tes mots

tes regards

et tes mensonges

ont fini par briser

Et la pluie s'arrête

ils disent que ça ira mieux
qu'un jour tu ne seras
plus qu'un souvenir lointain

mais tu m'as tant abimée
je ne crois même plus ma mère
quand elle me dit que je suis belle
comment pourrais-je les croire eux ?

———————————————

Et la pluie s'arrête

je dis à tout le monde

que je ne t'aime plus

que je suis passée à autre chose

mais au fond une part de moi

rêve toujours d'aller voir ta sœur

que tu aimes tellement

qui t'idéalise sûrement

pour lui dire à quel point tu peux être cruel

avec les filles qui ne sont pas elles

———————————————————

Et la pluie s'arrête

est-ce qu'un jour

mon cœur arrêtera

de manquer un battement

chaque fois que je vois

quelqu'un qui te ressemble ?

___

Et la pluie s'arrête

est-ce que j'ai gâché

ma seule chance d'être heureuse

parce que j'étais trop jeune

trop abimée

pour savoir comment bien aimer

le seul garçon qui m'ait

un jour bien traitée ?

___

Et la pluie s'arrête

il est huit heures trente

dehors la nuit commence à tomber

et même si je ne te l'ai pas souhaitée

je n'ai pas réussi à oublier ta journée

il est huit heures trente

je voulais tant me persuader

que ce matin tu n'avais pas été

ma première pensée de la journée

mais j'ai ensuite passé la matinée

à me rappeler tout ce que je pensais

que cette journée serait

et j'ai arrêté d'essayer

il est huit heures trente

j'ai passé l'après-midi

à jouer de la guitare

la gorge nouée

les joues trempées

Et la pluie s'arrête

composant une énième chanson

que tu n'entendras jamais

il est huit heures trente

je me demande

si tu penses à moi

si tu as attendu mon message

et les yeux rougis

je regarde arriver la nuit

il est huit heures trente

mais je ne t'écrirai pas

et tu ne sauras jamais

que j'ai passé la journée

à penser à toi

―――――――――――――――――

Et la pluie s'arrête

tu as toujours le sourire
c'est si agréable

est-ce pour ça
que pendant des années
j'ai étouffé mes larmes
et étranglé mes sanglots ?

je crois que j'ai toujours eu peur
d'être un poids pour les autres
j'ai toujours parlé vite
pour ne pas déranger trop longtemps
j'ai toujours parlé bas
pour ne pas me faire trop entendre
j'ai toujours essayé
de lisser mes aspérités
de me modeler
de me faire
le plus petite possible

Et la pluie s'arrête

pour ne pas être trop remarquée

pour mériter d'être aimée

si j'avais pu

je crois qu'après chacune de mes phrases

j'aurais ajouté

à peine chuchoté

pardon d'être moi

pardon d'exister

Et la pluie s'arrête

elle m'a dit que j'étais
le soleil de mon entourage
que je rayonnais

j'ai d'abord pensé
que j'aimerais tant
devenir mon propre soleil
réchauffer mon cœur abimé
réussir à briller pour moi-même
comme je brille pour les autres

puis je me suis demandé
si le Soleil
est malheureux lui aussi
parce que briller pour le monde
signifie sans cesse se consumer

et j'ai réalisé
est-ce pour ça

Et la pluie s'arrête

parce que je suis un soleil

qu'à force de briller dehors

à l'intérieur j'ai l'impression

de mourir à petit feu ?

―――――――――――――――

Et la pluie s'arrête

peut-être qu'elle est là ma place

peut-être que je suis faite

pour être un réceptacle

à la douleur des autres

alléger leur peine

la prendre sur mes épaules

et les regarder

s'en aller plus légers

pendant que je reste derrière

parce que petit à petit

ça devient plus dur d'avancer

———————————————————

Et la pluie s'arrête

au fond je le sais

mon corps ne mérite pas ça

il ne mérite pas ce regard

que je porte sur moi

il ne mérite pas ces heures

que je passe devant le miroir

à m'observer de haut en bas

à me faire mal

à coups de

tu as pris un peu de poids

il ne mérite pas

toutes ces fois où je me demande

combien de kilos je peux perdre avant l'été

si j'arrête de manger

il ne mérite pas

que je pense à me faire vomir

Et la pluie s'arrête

et que je m'en veuille

d'avoir trop peur pour y parvenir

il ne mérite pas que je me contente

d'un garçon qui me regarde

de haut en bas quand je mange

avant de dire

je comprends mieux pourquoi

il ne mérite pas que je veuille

tout effacer de lui

que je prie pour disparaitre

que je le déteste

mon corps ne mérite pas ça

———————————

Et la pluie s'arrête

j'ai toujours rêvé
d'avoir le courage
de me protéger

pourtant ma mère m'a toujours dit
que quand j'étais toute petite
j'avais du caractère
qu'on ne me marchait pas sur les pieds
je me demande quand tout ça a changé

d'aussi loin que je m'en souvienne
je pense que j'ai surtout eu de la chance
j'aurais été une cible facile
l'enfant
l'adolescente
l'adulte
incapable de se défendre
habituée à jouer le rôle de victime
celle qui s'écrase

Et la pluie s'arrête

se fait toute petite

et pleure

celle qui espère que ça fonctionnera

comme quand j'étais enfant

que les autres verront

que je suis désolée

que je ne veux pas faire de mal

et qu'ils seront gentils avec moi

―――――――――――――――――――

Et la pluie s'arrête

est-ce qu'un jour je serai enfin
autre chose que la gentille fille
celle qui est toujours à l'heure
ne se fait pas remarquer
et ne fait jamais de vagues ?

celle dont les ressentis n'importent pas
car de toute façon
elle a toujours été trop sensible ?

celle que l'on blesse sans même s'en inquiéter
parce qu'elle est incapable de s'affirmer
et qu'après tout on sait
qu'elle pourra tout pardonner ?

celle qui se tait quand elle est blessée
car elle craint les conflits
ne sait pas se défendre
et tremble encore comme une enfant

Et la pluie s'arrête

quand elle entend les autres crier ?

est-ce qu'un jour on se souciera
enfin vraiment de moi
et de mes ressentis
est-ce qu'on me respectera
pour la personne que je suis ?
_____

Et la pluie s'arrête

quand j'étais toute petite

ma mère me voyait devenir avocate

après tout j'étais affirmée

et je détestais l'injustice

puis j'ai grandi

on a découvert que j'étais HPI

et j'ai vu la fierté

dans les yeux des gens que j'aime

haut potentiel

elle pourra tout faire

quelle ironie

j'ai étudié le droit

mais j'ai abandonné

comment défendre les autres

quand on ne sait même pas

se défendre soi-même ?

Et la pluie s'arrête

alors j'ai changé de chemin

de nombreuses fois

et la réalité s'est imposée à moi

haut potentiel

de faire tout ce que je ne fais pas

de vivre mille fois

d'être en constant décalage

de ne jamais trouver où est ma place

comme frappée par les vagues

incapable d'atteindre le rivage

de finir par m'y échouer

épuisée

espérant que personne ne me voie

- est-ce qu'un jour j'arrêterai d'avoir peur

de n'être rien de plus que la déception

dans les yeux de ceux que j'aime ?

Marie Delprat · 84

Et la pluie s'arrête

une fois encore

j'y ai vraiment cru

j'ai pensé que j'avais enfin trouvé

parce qu'au loin j'ai vu le Soleil briller

alors vers lui j'ai commencé à marcher

puis comme à chaque fois

en arrivant j'ai réalisé

que j'étais face à un mirage

qu'une fois de plus

je m'étais trompée

et j'ai à peine pu

le toucher du bout des doigts

qu'il m'a échappé

- comment réussir à avancer

si je ne sais même pas

dans quelle direction je veux aller ?

Et la pluie s'arrête

j'ai longtemps cru

que si je continuais à explorer

je finirais par trouver ma place

mais peut-être suis-je simplement

une pièce égarée

au milieu d'un puzzle

dans lequel elle ne peut pas s'imbriquer ?

———————————————————————

Et la pluie s'arrête

être hypersensible

c'est bien plus que juste

moi qui pleure beaucoup

c'est aussi

moi submergée par un rien

blessée par la moindre remarque

étouffée par des émotions

qui ne sont pas les miennes

en décalage permanent

avec le monde qui m'entoure

rongée par l'anxiété

incapable de poser mes limites

d'arrêter de trop réfléchir

vivant dans la peur

de ne jamais être assez

de ce que les autres pourraient penser

mais c'est surtout

Et la pluie s'arrête

mon esprit qui m'épuise

et mes émotions qui me tuent

chaque jour un peu plus

———————————————

Et la pluie s'arrête

je suis née sous la pluie

j'ai grandi sous les gouttes

j'ai connu les averses

qui s'abattent

aussi soudainement qu'elles s'arrêtent

j'ai connu les orages

les éclairs qui déchirent le ciel

et annoncent le bruit du tonnerre

souvent je me suis endormie

bercée par la tempête

et le bruit que faisait l'eau

en s'écrasant sur ma fenêtre

je suis née sous la pluie

elle ne semblait pas vouloir partir

alors j'en ai fait mon amie

et comme je ne connaissais qu'elle

j'ai décidé de m'installer

au milieu du déluge

Et la pluie s'arrête

d'y construire un abri

ouvert sur les étoiles

un toit aurait été inutile

car je connaissais bien la pluie

je suis née sous la pluie

alors quand mon ciel était trop clair

je me postais à la fenêtre

et j'appelais les nuages

le temps a passé

et j'ai appris à moi-même les créer

pour que mon ciel reste toujours voilé

je suis née sous la pluie

est-ce pour ça

que je n'ai jamais appris

à fleurir au soleil ?

———————————————

Et la pluie s'arrête

j'ai pleuré toute la nuit

puis le soleil s'est levé

j'ai esquissé un sourire

qui sonnait un peu faux

et je suis sortie de mon lit

personne n'a rien remarqué

et le soir venu

ça a recommencé

Et la pluie s'arrête

si je frappais dans le reflet

que me renvoie le miroir

jusqu'à ce qu'il n'en reste

que des éclats de verre

est-ce qu'enfin j'y verrais

ce qui me semble si réel ?

est-ce qu'alors j'arriverais

à imager mes pensées

et à montrer au monde

ce que mes yeux voient

quand je m'y regarde ?

———————————————

Et la pluie s'arrête

je dis que je hais ma souffrance

que je voudrais la chasser de ma vie

enfin mieux respirer

mais je n'ai connu qu'elle

peut-être qu'au fond

j'ai peur qu'elle s'en aille

que serai-je alors ?

———————————————

Et la pluie s'arrête

je crois que ce qui fait le plus mal

c'est quand je me regarde dans le miroir

et que je me demande

sans pouvoir répondre

si la petite fille que j'étais

serait déçue

de celle que je suis devenue

———————————————

Et la pluie s'arrête

ce n'était jamais assez pour toi

pourtant j'ai passé des années

à essayer de faire de moi

celle que tu voulais que je sois

est-ce pour ça qu'aujourd'hui

je suis incapable de croire en moi ?

———————————————

Et la pluie s'arrête

ai-je pris la bonne décision ?

est-ce que j'y arriverai ?

qu'est-ce que les autres

pensent vraiment de ce que je fais ?

pourquoi semblent-ils tous

savoir que faire et où aller ?

suis-je la seule à m'entêter ?

à ne pas avancer ?

à sans cesse changer de chemin

parce que je suis trop sensible

trop fragile

trop vulnérable

trop différente

et que je ne me fais pas vraiment confiance ?

suis-je naïve de continuer à espérer ?

de refuser d'abandonner ?

de garder toujours au fond de moi

l'espoir qu'un jour je trouverai

où vont les gens comme moi ?

Et la pluie s'arrête

est-ce qu'un jour

j'arrêterai d'angoisser

de voir le monde comme une menace

de craindre le jugement

de chaque personne à qui je parle ?

de penser pour tout ce que je fais

que tant d'autres le font déjà

mille fois mieux que moi ?

d'ailleurs quand finiront-ils tous par voir

que je ne suis qu'un échec permanent ?

est-ce que je m'inquiète trop

de ce qu'ils pensent ?

– un tour dans ma tête

Et la pluie s'arrête

j'ai souvent entendu dire

que j'étais empathique

attentionnée

altruiste

bienveillante

à l'écoute

tolérante

mais que se passerait-il

si j'apprenais à être tout ça

pour moi-même aussi ?

est-ce que les autres

m'aimeraient toujours

si j'arrivais enfin

à arrêter de leur dire oui

quand tout mon corps

me crie non ?

Et la pluie s'arrête

où serais-je aujourd'hui

si je n'avais pas perdu des années

à avoir peur d'échouer

à penser que je n'étais pas assez

à me soucier

de ce que tout le monde allait penser ?

———————————————

Et la pluie s'arrête

j'ai passé ma vie

à essayer de me changer

de me modeler

pour devenir ce que les autres

attendaient de moi

celle qu'ils accepteraient d'aimer

j'ai passé ma vie

à les observer

à me comparer

à noter tout ce qu'ils étaient

que moi je n'étais pas

à relever chaque détail

qui les rendait mieux que moi

j'ai passé ma vie

à espérer qu'un jour

j'aurais confiance en moi

je serais plus drôle

Et la pluie s'arrête

j'aurais perdu un peu de poids

je serais plus à l'aise en public

je saurais m'affirmer

je contrôlerais mieux mes émotions

j'aurais une meilleure relation avec la nourriture

je serais capable de me protéger

j'aimerais l'image que me renvoie le miroir

j'arriverais à dire non

je serais moins sensible

j'arrêterais de m'auto-saboter

et qu'un jour peut-être

j'arrêterais de vouloir sans cesse être

n'importe qui d'autre que moi

———————————————

Et la pluie s'arrête

les mots que j'ai entendus petite

me hantent toujours aujourd'hui

et même si j'ai longtemps

fait semblant d'être forte

de ne rien ressentir

de n'avoir rien entendu

ils m'ont poursuivie

et à vingt-quatre ans

j'en parlais toujours en thérapie

Et la pluie s'arrête

ça va aller

c'est ce qu'ils disaient

ce que je me répétais

pour essayer de m'en convaincre

chaque jour

comme un disque rayé

ça va aller

au début j'y croyais

mais ça fait si longtemps

et je suis fatiguée d'attendre

de passer mes journées à la fenêtre

en espérant apercevoir enfin

à travers les nuages noirs

la lumière d'un rayon de soleil

après tout peut-être

que je ne suis pas faite

pour aller mieux

Et la pluie s'arrête

peut-être que je dois juste accepter

que c'est ce que sera ma vie

que je ne connaitrai que la pluie

———————————————

Et la pluie s'arrête

lentement je m'éteins

chaque jour je brille un peu moins

et même si au fond

je sais que je vais vivre

je crois que je ne suis plus vraiment sûre

de savoir ce que ça veut dire

―――――――――――――――――――

Et la pluie s'arrête

parfois je crois

que je voudrais juste

avoir assez de courage

pour arrêter de me battre

———————————————

Et la pluie s'arrête

le ciel s'éclaire.

Et la pluie s'arrête

avant ce soir je n'avais jamais osé dire

que je voudrais mourir

je voudrais que tout s'arrête

m'endormir pour toujours

ne plus passer mes journées

à chercher où est ma place

avoir échoué chaque soir

je voudrais être enfin libérée

des pensées qui m'empoisonnent

de mes émotions qui me rongent

car je suis bien trop sensible

pour fleurir dans ce monde

je voudrais mourir

pourtant demain je serai toujours là

peut-être parce que je suis trop lâche

ou peut-être qu'après tout

j'ai au fond de moi l'espoir

Et la pluie s'arrête

que quelque part

au milieu de l'océan

où je survis à peine

se trouve un petit îlot

sur lequel je pourrai me réfugier

reprendre mon souffle

et enfin apprendre

à aimer le soleil

je n'ai pas la force de mourir

peut-être qu'avec le temps

j'aurai la force de vivre ?

———————————————

Et la pluie s'arrête

pendant des années j'ai lutté

seule face à mes propres démons

face à la colère

qui étouffait la vie en moi

j'étais comme prise au piège

dans des sables mouvants

et plus je me débattais

plus je m'y enfonçais

le temps s'est écoulé

et j'ai continué

peu à peu à sombrer

je pouvais à peine respirer

quand j'ai fini par comprendre

qu'on ne guérit pas toujours seul

j'ai appris que parfois

il faut savoir accepter de saisir

la main tendue dans l'obscurité

Et la pluie s'arrête

et que même lorsqu'il fait

trop sombre pour la voir

on peut tendre la sienne

et demander de l'aide

_____

Et la pluie s'arrête

je pensais pouvoir nager

j'avais l'habitude

des eaux agitées

et j'étais persuadée

de pouvoir tout contrôler

mais il a suffi d'une fois

un jour j'ai bu la tasse

le courant m'a entrainée

et lentement je me suis noyée

j'ai tenté de m'en sortir

de me débattre

pour regagner la surface

à nouveau pouvoir respirer

mais je n'ai pas trouvé

dans quelle direction avancer

l'oxygène me manquait

alors j'ai fermé les yeux

le courant me berçait

Et la pluie s'arrête

et je me suis laissé couler

puis j'ai touché le fond

et j'ai réalisé

que je ne voulais pas

laisser l'océan m'emporter

j'ai réussi à pousser sur mes pieds

à me donner assez d'élan

pour retrouver la lumière

j'ai craché toute l'eau

qui avait empli mes poumons

et pris une grande bouffée d'air

de celles qui disent

je veux m'en sortir

je veux réapprendre

à aimer la vie

Et la pluie s'arrête

je me suis longtemps sentie

à la merci du monde

complètement perméable

envahie par les énergies

de ceux qui m'entourent

incapable de protéger

l'enfant à l'intérieur de moi

mais alors que

mes larmes coulaient

et brûlaient mes joues

elle a dit

les émotions des autres

n'ont pas le pouvoir de te détruire

et soudainement

j'ai respiré un peu mieux

- panser mes plaies avec la thérapie

Et la pluie s'arrête

je dois accepter de ressentir

si je veux guérir

accueillir les larmes

pour traverser l'orage

m'autoriser à tomber

pour pouvoir avancer

et apprendre à aimer

mes cicatrices invisibles

car elles prouvent que j'ai eu

la force de me reconstruire

———————————————

Et la pluie s'arrête

tu es entré dans ma vie

car tu as vu que je brillais

tu as ouvert la porte

et tu as essayé

de voler ma lumière

mais comme Icare

tu t'es trop approché

comme lui

tu as fini

trop prêt du Soleil

tu t'es brûlé les ailes

et j'ai récupéré

la lumière qui est la mienne

———————————

Et la pluie s'arrête

j'ai passé des années

à me flageller

à me demander

ce que j'avais bien pu faire

pour mériter

d'être si mal traitée

ça a pris du temps

mais j'ai fini par réaliser

ce n'était pas de ma faute

ça ne l'a jamais été

je n'ai pas mérité

les coups

les insultes

les regards qui jugent

les mots qui brisent

je n'ai pas mérité de croire

que je n'étais jamais assez

Et la pluie s'arrête

que je ne valais rien

que j'étais inutile

incapable

que je n'avais rien à apporter

tout ça

ce n'était pas de ma faute

et je ne l'ai jamais mérité

———————————————

Et la pluie s'arrête

est-ce que je voulais

vraiment être avec toi

ou est-ce que je t'ai laissé entrer

seulement parce que je voulais

ressentir quelque chose

et à nouveau exister

dans les yeux d'un autre ?

―――――――――――――――

Et la pluie s'arrête

il m'a fallu du temps

mais j'ai fini par réaliser

que ce qu'on avait

n'était pas de l'amour

ou plutôt

que même si c'en était

je ne voudrais plus jamais

d'un amour sans respect

———————————————

Et la pluie s'arrête

ça fait déjà douze mois
que je n'ai pas vu ton visage
et petit à petit
j'ai appris à vivre sans toi
j'ai lentement repris mon souffle
et je réapprends chaque jour
à voir le monde tel qu'il était pour moi
avant que tu décides
de venir faire un tour dans ma vie
et de t'enfuir
avec tout ce que j'avais construit

aujourd'hui je crois que je peux dire
que je suis guérie
je sais que la vie après toi existe
qu'elle est bien plus belle
que tout ce que tu aurais pu m'offrir
je sais que je peux à nouveau
ressentir de l'espoir

Et la pluie s'arrête

apprécier le bleu du ciel
rire aux éclats
vivre des moments de joie
sans regretter que tu ne sois pas là
pour les partager avec moi

douze mois se sont écoulés
ma tête se souviendra toujours de toi
mais dans mon cœur
tu as peu à peu perdu ta place
et même si je ne sais pas vraiment
à quoi il ressemblera
je sais que j'ai quelque part
un futur où je suis heureuse
dans lequel tu n'existes pas

aujourd'hui il me reste de nous
quelques photos dans un disque dur
que je n'ai plus regardées depuis des mois

Et la pluie s'arrête

deux billets de cinéma

du premier film qu'ensemble

on était allés voir

et quelques cicatrices invisibles

de tes mots qui m'ont tant abimée

qui je crois resteront toujours là

même si mon cœur

ne se souvient plus vraiment pourquoi

et qui me rappellent qu'un jour

ça a été ta place

———————————————

Et la pluie s'arrête

longtemps je m'en suis voulu

de t'avoir laissé entrer

de t'avoir ouvert en grand

la porte de mon cœur

de t'avoir guidé

sur le chemin de mes blessures

de t'avoir même

montré comment frapper

souvent je me demande

comment j'ai pu être aussi bête

te trouver mille et une excuses

pour toutes les larmes que je versais

tous les mensonges que je sentais

je crois que j'ai toujours du mal à accepter

que j'ai choisi de te laisser

faire tant de mal à l'enfant que j'étais

qui avait déjà assez souffert

Et la pluie s'arrête

et que j'aurais dû savoir protéger

parfois je me demande

comment je peux aujourd'hui pleurer

alors que tu m'avais prévenue

et que j'aurais dû savoir

que c'était exactement à ça

que ressemblerait la fin de l'histoire

par moments c'est toujours compliqué

de comprendre pourquoi

je t'ai laissé entrer

mais aujourd'hui je me pardonne

je crois que je voulais seulement

ressentir à nouveau

pouvoir me rappeler

ce que ça fait d'être aimée

Et la pluie s'arrête

dans un autre monde

si je n'avais pas autant souffert

tu aurais pu être

ma plus belle non-histoire

mon plus beau peut-être

―――――――――――――――

Et la pluie s'arrête

inévitablement le temps passe

aujourd'hui je ne pense plus vraiment à toi

pourtant quand je marche

dans les rues qu'on connaissait

et que je voulais tant voir

avec toi sous la neige

ton image finit immanquablement

par s'imposer à moi

au fond j'espère toujours

qu'un jour par pur hasard

tu tourneras la tête

et soudainement je serai là

je ne te remarquerai pas

mais toi tu verras

comme je suis heureuse maintenant

comme mes yeux brillent d'un éclat

qu'ils ne connaissaient pas avec toi

Et la pluie s'arrête

et comme ils n'ont plus besoin
de supplier pour qu'on m'aime

tu entendras mon rire
que tu avais presque oublié
que tu avais fini par étouffer
tu repenseras à cette façon
que j'avais de voir le monde
qui n'appartient qu'à moi
et que tu aimais tellement

perdu dans tes pensées
tu rentreras chez toi
et tu demanderas
si un jour tu finiras par savoir
ce que ça fait
d'aimer pour de vrai

Et la pluie s'arrête

et un jour le soleil.

Et la pluie s'arrête

à sept ans je connaissais déjà

la peur

les cris

la violence

depuis longtemps

et peu à peu je perdais mon innocence

à neuf ans je rejouais

en boucle dans ma tête

les mots que j'entendais

ceux qu'on n'oublie jamais

et qui après leur passage

laissent pour toujours

des marques que l'on ne voit pas

à treize ans je commençais à penser

que je n'étais pas assez

et pour la première fois

j'avais le cœur brisé

Et la pluie s'arrête

à dix-sept ans j'ai pris conscience

de tout ce qui en moi était abimé

de mes fondations que je détestais

de tout ce que je devais casser

pour pouvoir petit à petit

reconstruire et réparer

à vingt ans j'étais fatiguée

et je me demandais

ce qu'aurait été ma vie

si j'avais pu la vivre

au lieu d'en guérir

si je n'avais pas perdu des années

à réparer des choses que je n'avais pas cassées

à vingt-trois ans j'ai perdu ma lumière

j'en avais marre de me battre

j'étouffais dans un brouillard

bien trop épais pour moi

Et la pluie s'arrête

et j'espérais que tout s'arrête là

mais à vingt-cinq ans
je me suis un jour réveillée
et le ciel s'éclaircissait
je me suis regardée
et j'ai réalisé
que la tempête ne m'avait pas brisée
que même dans le noir
j'avais réussi à reconstruire en moi
des fondations bien plus solides
sur lesquelles se trouvait
une maison avec une porte
que j'étais la seule à pouvoir ouvrir
et que la violence
ne pourrait jamais envahir

Et la pluie s'arrête

aujourd'hui je sais enfin

que ça ne se reproduira pas

que ça s'arrête avec moi

parce que j'en suis capable

parce que j'en fais le choix

aujourd'hui je sais enfin

que leur enfance ne sera pas la tienne

car je serai celle qui brise

le cycle de la violence

- une promesse à la petite version de moi-même

―――――――――――――――――――

Et la pluie s'arrête

j'ai longtemps pensé

que je ressentais trop fort

que c'était une malédiction

je te regardais et je t'enviais

de pouvoir être si détaché

de pouvoir tout contrôler

mais un jour j'ai ouvert les yeux

et j'ai réalisé

que je pouvais voir

tant de choses qui t'échappent

puis j'ai ouvert mon cœur

et j'ai compris

que je pouvais aimer

comme tu ne sauras jamais le faire

car ma sensibilité est une porte

sur un monde tout entier

que tu ne connaitras jamais

Et la pluie s'arrête

il m'a fallu longtemps pour le voir

car avec toi

j'étais plongée dans le noir

j'ai dû chaque jour un peu plus

habituer mes yeux à la lumière

redécouvrir le soleil

mais ça semble si évident maintenant

le monde est tellement

plus grand que toi

Et la pluie s'arrête

je ressens tellement d'amour

pour la plus jeune version de moi

qui pensait que le monde

s'était arrêté de tourner

quand tu l'as quittée

j'aimerais tant pouvoir

la prendre dans mes bras

lui dire que ça ira

que même si tu es parti

que le monde semble plus froid

et qu'elle ne le sait pas

moi je suis là

et je ne m'en irai pas

───────────────────────────

Et la pluie s'arrête

tu es bien trop

rayonnante

attentive

fidèle

empathique

généreuse

attentionnée

bienveillante

sincère

authentique

loyale

unique

pour n'être qu'un peut-être

———————————————

Et la pluie s'arrête

sous les ponts beaucoup d'eau a coulé

depuis que nos chemins se sont séparés

je me revois pleurer

me demander si j'arriverais un jour à t'oublier

si je pouvais retourner en arrière

parler à celle que j'étais

qui craignait l'avenir

qui se sentait si seule

perdue dans l'immensité

d'un monde où tu n'étais plus

je lui dirais qu'on n'oublie jamais

quelqu'un qu'on a vraiment aimé

je lui dirais qu'après plusieurs années

je pense toujours à toi

parfois quand vient le dix-huit du mois

je pense à ce qu'on a partagé

aux souvenirs qu'on a créés

Et la pluie s'arrête

à nos quelques années d'infinité

je lui dirais que parfois

je retombe sur des photos de nous

mais qu'elles ne me font plus pleurer

je lui dirais que désormais je souris

quand je vois nos visages d'enfants

et que même si ça n'a pas fonctionné

je pense toujours que je suis si chanceuse

qu'on se soit un jour aimés

je lui dirai qu'après toutes ces années

je te suis toujours reconnaissante

de m'avoir montré

que je méritais d'être aimée

de m'avoir fait comprendre

que l'amour n'était pas

tout ce que je m'étais imaginé

de m'avoir permis de réaliser

que je ne voulais pas aimer

Et la pluie s'arrête

comme on me l'avait montré

je lui dirais que je suis toujours désolée
de ne pas avoir réussi à te rendre cet amour
comme toi aussi tu l'aurais mérité
mais qu'elle va y arriver
qu'un jour elle n'aura plus de regrets
parce qu'elle finira par se pardonner
pour toutes les blessures
qu'elle n'avait pas encore pansées

je lui dirais qu'elle connaitra
à nouveau le bonheur
et que même si ça fait bien longtemps
que nos chemins se sont séparés
quand je pense à toi je souris
que j'espère que tu es heureux
que tu as à tes côtés
la bonne personne pour t'aimer

Et la pluie s'arrête

je lui dirais de ne pas s'inquiéter

parce que c'est loin d'être triste

de ne pas oublier

les personnes qu'on a profondément aimées

que grâce à toi j'ai tant appris

que tu es une part

de celle que je suis aujourd'hui

et que de nous deux

je garde au creux de mon cœur

une place spéciale

pour les enfants qu'on a un jour été

et qui se sont tant aimés

Et la pluie s'arrête

pendant des années

le monde entier

m'a crié que je devais changer

j'ai toujours refusé

———————————————

Et la pluie s'arrête

je sais que je devrais

suivre le chemin

que prennent la plupart des gens

celui que l'on voudrait m'imposer

j'aimerais tant

arriver à m'en contenter

mais moi je veux créer

imaginer

chanter

danser

je veux rester sur le sentier d'à côté

caché au milieu des grands arbres

celui qu'il faut chercher

ponctué de virages

et sur lequel on trouve

les gens différents

Et la pluie s'arrête

je n'ai pas vraiment compris
comment c'est arrivé
je me souviens juste qu'un matin
je me suis réveillée
et tu as été ma première pensée
je ne l'avais pas prémédité
mais c'est arrivé

et puis j'ai continué à penser à toi
pas seulement quand j'étais seule
ou que je m'ennuyais
tu arrivais aussi
au milieu de mes plus grands éclats de rire
quand j'étais avec mes personnes préférées
pendant que je créais mes plus beaux souvenirs

j'ai commencé à imaginer
tout ce que je rêvais
qu'on puisse un jour partager

Et la pluie s'arrête

ce n'était pas la première fois
que ça m'arrivait
mais un jour ça a été différent
soudainement je nous ai vus
regardant un film
assis sur le canapé

je nous ai vus nous embrasser
après avoir éteint la lumière
pour se dire bonne nuit

je nous ai vus
nous raconter nos journées
tu cuisinais
j'étalais une lessive
et je souriais

je me suis vue triste aussi
mais tu étais toujours là

Et la pluie s'arrête

et tu m'ouvrais tes bras

je nous ai vus vieux

les années avaient marqué nos visages

mais tu tenais toujours ma main

et ton regard n'avait pas changé

il était exactement le même

que ce tout premier soir d'été

je crois que c'est là que j'ai compris

être heureuse à l'idée de tout partager

même ce qu'on m'avait décrit

comme étant des banalités

je crois que c'est ça

aimer pour de vrai

Et la pluie s'arrête

j'ai toujours été maladroite

alors un jour j'ai brisé sa tasse

aussitôt la culpabilité

s'est infiltrée sous ma peau

et j'ai senti une première larme

couler le long de ma joue

il m'a serrée dans ses bras

je lui ai dit

je ne veux pas te faire de la peine

il a pris mon visage entre ses mains

a posé ses lèvres sur les miennes

et il a répondu

tu m'apportes de la joie

———————————————

Et la pluie s'arrête

j'ai passé toute ma vie à chercher quoi en faire

ce que j'aimerais

assez pour y consacrer mes journées

pour les quarante prochaines années

des dizaines de fois

j'ai cru avoir trouvé

mais chaque fois

inlassablement

comme un disque rayé

j'ai changé d'avis

un jour je lui ai dit

que tout le monde savait

que tout le monde était utile

mais pas moi

que j'avais l'impression d'être perdue

que j'étais pleine d'envies

Et la pluie s'arrête

mais que je ne voulais pas choisir
que ça me paraissait impossible

il a souri et il a dit
alors ne choisis pas
fais deux choses

———————————————

Et la pluie s'arrête

et même si c'est parfois compliqué

chaque jour j'essaie de me rappeler

que dans cette vie j'ai tant à aimer

un chocolat chaud en hiver devant la télé

le chant des oiseaux un matin d'été

l'odeur de la pluie ou de l'herbe coupée

les promenades en forêt

un cookie fraîchement cuisiné

me coucher dans des draps frais

écouter ma chanson préférée

apprécier le silence pour me ressourcer

les bras autour de moi quand se termine la journée

et puis aussi moi

avec toute ma sensibilité

et mes yeux d'enfant

que je ne perdrai jamais

Marie Delprat

Et la pluie s'arrête

à la version de moi-même

qui il y a quelques années

pensait que tout allait s'arrêter

merci

de ne pas avoir abandonné

d'avoir continué

à chercher la lumière

à travers la tempête

merci

d'avoir patiemment reconstruit

tout ce qu'elle avait détruit

et d'avoir su en le faisant

protéger tes yeux d'enfant

et même si ce n'est pas

tous les jours facile

merci

Et la pluie s'arrête

pour les couchers de soleil

sa main dans la mienne

et tous ces petits bonheurs

qui en valent la peine

merci

pour tout ce que j'ai eu

la chance de vivre depuis

et tout ce qu'il me reste

encore à découvrir

———————————————

Remerciements

Tout d'abord merci à ma maman, pour son soutien inconditionnel dans tout ce que j'ai voulu faire depuis vingt-six ans. Pour avoir cru en moi quand même moi je ne pouvais pas, et séché mes larmes quand je ne voyais plus d'espoir. Sans toi, ce livre n'existerait pas.

Merci à mes amies, pour leurs encouragements si précieux et leur présence constante chaque fois que j'en ai eu besoin. Je n'oublie pas tous les sourires que vous avez réussi à faire naître sur mon visage quand j'étais si triste.

Merci à celui qui partage ma vie, pour son soutien, sa patience, son écoute et sa compréhension. Merci pour tes mots dans mes moments de doute, qui me rappellent chaque jour que je suis capable. Merci de me montrer à quel point aimer peut être beau et sain.

Enfin, merci à toi qui tiens ce livre dans tes mains. Merci infiniment de m'avoir lue jusqu'ici, et de donner un sens à mes mots. J'espère qu'ils auront résonné en toi, et qu'ils t'aideront à te rappeler que quoi qu'il arrive, la pluie finit toujours par s'arrêter.